Anglosajones para niños

Una guía fascinante sobre los
pueblos de la Inglaterra altomedieval
y sus batallas contra los vikingos

Índice

Introducción   1

Capítulo 1: ¿Qué es un anglosajón?   2

Capítulo 2: Los reinos de la Gran Bretaña anglosajona   7

Capítulo 3: La vida en la Gran Bretaña anglosajona   14

Capítulo 4: Religión y costumbres   20

Capítulo 5: Alfredo el Grande   27

Capítulo 6: El rey Offa y el rey Egberto   33

Capítulo 7: ¿Quiénes eran los normandos?   39

Capítulo 8: La batalla de Hastings   45

Capítulo 9: Arte, literatura y artefactos   51

Capítulo 10: El legado anglosajón y normando   58

Respuestas   65

Vea más libros escritos por Captivating History   71

Bibliografía   72

INTRODUCCIÓN

¿Alguna vez se ha preguntado si el rey Arturo era real? ¿Se ha preguntado de dónde procede la lengua inglesa y por qué es tan extraña? ¿Se ha preguntado alguna vez quién llegó a Gran Bretaña después de que los romanos la abandonaran? No se pregunte más: ¡los anglosajones! Los anglosajones eran tribus que llegaron a Gran Bretaña en el siglo V procedentes del norte de Alemania. Conquistaron a los antiguos habitantes e hicieron de Gran Bretaña su propio país.

Los anglosajones no solo conquistaron Gran Bretaña. También fueron muy importantes porque establecieron la estructura política, religiosa y social de Inglaterra. Hoy en día, estas estructuras se siguen utilizando. Antes de la llegada de los anglosajones, Gran Bretaña tenía varias tribus enfrentadas. Los anglosajones crearon reinos. Al principio, había muchos reinos, pero con el tiempo, todos se convirtieron en uno solo. Así se creó la monarquía inglesa.

Cuando llegaron los misioneros cristianos, los anglosajones gobernaban Gran Bretaña. Los misioneros convirtieron a los anglosajones, que establecieron estructuras eclesiásticas e incluso crearon cargos poderosos, como el del arzobispo de Canterbury. Estas estructuras eclesiásticas no solo cambiaron el mundo religioso en Gran Bretaña, sino en todos los lugares donde se practicaba el cristianismo.

Los anglosajones ya no gobiernan Inglaterra, pero su impacto todavía se siente más de mil años después. Tanto los niños como los padres disfrutarán leyendo esta historia divertida y actualizada de este importante pueblo. Este libro tiene todo lo necesario para aprender sobre las personas, los lugares y las ideas que hicieron que los anglosajones fueran tan importantes en la historia. Prepárese para zarpar hacia una época llena de reyes rivales, joyas intrincadas y vikingos. La época anglosajona de la historia británica y todos los reyes que en ella reinaron cambiaron el curso del mundo.

Capítulo 1: ¿Qué es un anglosajón?

La historia de Inglaterra está llena de pueblos yendo y viniendo. Incluso el **Imperio romano** ocupó Inglaterra durante un tiempo. Los romanos construyeron carreteras y ciudades, pero no se quedaron. Tras su marcha, los habitantes de Gran Bretaña pensaron que podían volver a sus vidas, pero se equivocaron. En cuanto se fueron los romanos, un nuevo grupo invadió la isla: los **anglosajones**. Ellos también crearon sus propios poblados y dividieron Inglaterra en diferentes reinos. Muchas de estas antiguas divisiones se siguen utilizando hoy en día.

Pero, ¿quiénes eran los anglosajones? Fueron el pueblo que gobernó Inglaterra entre la época de los romanos y la **conquista normanda**. Es decir, ¡durante más de 500 años! Este pueblo era poderoso y contribuyó a hacer de Gran Bretaña la nación que es hoy.

Pero ¿sabía que los anglosajones no se llamaban así? El término «anglosajón» se utilizó por primera vez a finales del siglo VIII, muchos años después de la invasión anglosajona. Los europeos necesitaban una forma de distinguir a los sajones que vivían en la Europa continental y los que vivían en Gran Bretaña.

Los sajones eran solo uno de los grupos que llegó a Gran Bretaña. Hubo tres grupos principales que invadieron y se establecieron en Inglaterra: los **anglos**, los **sajones** y los **jutos**. Cuando se asentaron en Inglaterra, todos ellos se convirtieron en el grupo que conocemos como los anglosajones.

Estos tres grupos procedían de la misma zona: la antigua Alemania. Eran **tribus germánicas** y se dedicaban a la agricultura cerca del **mar del Norte**. Eran buenos guerreros y también navegaban mucho.

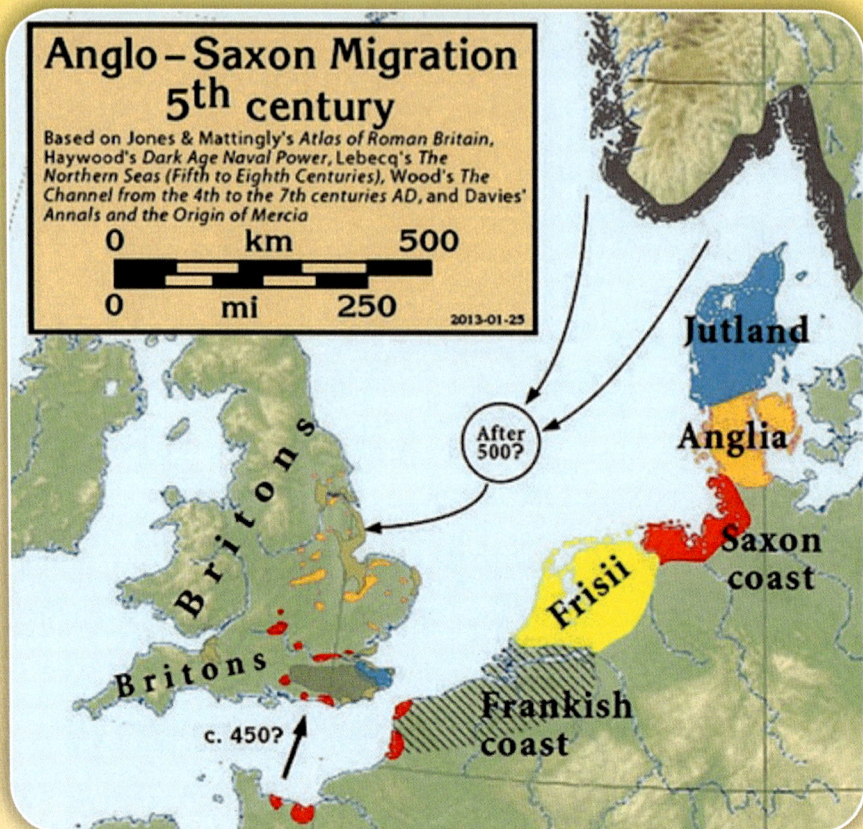

Mapa de la migración anglosajona en el siglo V

Pero, ¿por qué fueron los anglosajones a Gran Bretaña? Los historiadores no se ponen de acuerdo en por qué los anglosajones viajaron por primera vez a Inglaterra. Algunos creen que buscaban tierras buenas para cultivar. Otros piensan que fueron invitados por **Vortigern**. En aquella época, los habitantes de Inglaterra se llamaban **britanos**, pero no eran los únicos que vivían allí. También había pueblos en la actual Escocia, llamados **pictos** y **escoceses**. Estos grupos luchaban mucho entre sí y, en el siglo V, Vortigern era un gobernante bretón. Sabía que los anglosajones eran buenos guerreros, así que algunos historiadores creen que les pidió ayuda para luchar contra los escoceses y los pictos. Esto pudo haber iniciado accidentalmente la invasión anglosajona. ¿Se imagina cómo se debe haber sentido Vortigern? Quería ayuda para defender su país, ¡y la gente a la que pidió ayuda terminó por invadirlo!

Representación de los anglosajones cruzando el océano

Los anglosajones no se apoderaron de Gran Bretaña repentinamente. Podría pensarse que las invasiones son rápidas, pero la invasión anglosajona llevó siglos. Comenzaron en la costa este de Gran Bretaña y poco a poco fueron avanzando hacia el oeste. A los británicos no les gustaban los anglosajones y hubo muchas luchas. Aun así, los anglosajones avanzaron lentamente por el país, empujando a los demás pueblos hacia el oeste, a **Gales**, o hacia el norte, a **Escocia**. También establecieron **reinos** mientras avanzaban. A medida que más anglosajones se trasladaron a Gran Bretaña, estos reinos comenzaron a luchar entre sí. Recuerde, los anglosajones eran en realidad tres grupos diferentes. Estos grupos no siempre trabajaron juntos y muchas veces los reinos anglosajones lucharon entre sí por la tierra, el poder y los recursos.

Una de las razones por las que se sabe tanto sobre los anglosajones es que un historiador inglés escribió sobre ellos. Se llamaba **Beda el Venerable** y vivió entre los años 674 y 735 después de Cristo. Los historiadores creen que nació en Monkton, Durham, pero no se sabe nada de su infancia hasta los siete años. A esa edad fue internado en el monasterio de San Pedro, en Wearmouth. Más tarde se trasladó al monasterio de **Jarrow**, donde vivió el resto de su vida.

Viviendo en el monasterio, Beda el Venerable estaba rodeado de libros. Cuando no estaba concentrado en sus deberes religiosos como sacerdote, pasaba el tiempo leyendo y escribiendo. Escribió unos cuarenta libros a lo largo de su vida. Muchos de ellos tratan temas religiosos, pero a Beda el Venerable también le gustaba la historia.

Beda el Venerable escribió todo sobre la historia inglesa en su libro *The Ecclesiastical History of the English People* (*Historia eclesiástica del pueblo inglés*). Hoy en día, muchos historiadores consideran a Beda el Venerable como el **padre de la historia inglesa**. Si usted fuera Beda el Venerable, ¿qué tipo de acontecimientos incluiría en su libro de historia?

Beda el Venerable quería contar la historia del cristianismo en Gran Bretaña. Su libro comienza con la llegada de **San Agustín** a Gran Bretaña y cuenta cómo él ayudó a convertir a los anglosajones al cristianismo. El libro, que también contiene relatos sobre la llegada de los anglosajones a Gran Bretaña y su historia, ha sido muy importante para ayudar a los historiadores a aprender sobre los anglosajones en Gran Bretaña.

Los anglosajones necesitaron tiempo para adaptarse, pero finalmente se asentaron. Fundaron granjas y crearon reyes locales. Los anglosajones ayudaron a establecer las diferentes **áreas políticas** de Gran Bretaña en la actualidad. Al principio, cada una de estas zonas era un pequeño reino. Aunque los reinos anglosajones eran similares, cada reino tenía su propia cultura y leyes. Aunque Inglaterra terminó uniéndose bajo un solo rey, las fronteras de estos diferentes reinos se mantuvieron. Estas antiguas fronteras siguen vigentes hoy en día. El pueblo también conservó parte de la cultura de sus **condados**, que sigue siendo un tesoro de la cultura británica moderna.

Aunque los anglosajones fueron importantes para la historia británica, no gobernaron para siempre. En 1066, perdieron el poder durante la **conquista normanda**. La mayor parte de la nobleza anglosajona huyó o perdió su poder y los normandos establecieron sus propios reyes y nobleza. Aunque ya no eran reyes, los anglosajones siguieron viviendo sus vidas y escribiendo sus historias igual que antes, y así es como continuaron dando forma a Inglaterra hasta convertirla en el país que es hoy.

Capítulo 2: Los reinos de la Gran Bretaña anglosajona

La Gran Bretaña anglosajona no era un país unido. No todas las personas escuchaban a un mismo gobernante ni seguían las mismas leyes. La Gran Bretaña anglosajona estaba dividida en muchos **reinos** diferentes. Cada reino actuaba como un país propio. Se **aliaban** entre sí y luchaban unos contra otros. Gran parte de la historia anglosajona está llena de luchas entre los diferentes reinos. A veces, ¡incluso se conquistaban unos a otros!

Aunque había muchos reinos diferentes en Gran Bretaña, siete de ellos eran reinos principales con gobiernos similares. Cada reino fue fundado por un grupo de anglosajones dirigidos por un **jefe de guerra**. Con el tiempo, el jefe de guerra llegó a ser tan poderoso que se convirtió en **rey**. El rey estaba a cargo del ejército. ¡Eso significa que hubo al menos siete pequeños ejércitos en Gran Bretaña durante parte de la época anglosajona! ¿Se imagina cuántos combates debió haber con siete ejércitos?

Aunque hubo caos durante periodos de la historia anglosajona, no había anarquía. Había reglas y leyes que todos los habitantes del reino debían cumplir, y los castigos por quebrantarlas eran severos. No había prisiones, así que quien violaba la ley, debía pagar una multa o ser ejecutado. Incluso tenían una multa especial llamada *wergild*. Significa literalmente «precio del hombre». Si alguien mataba a otra persona, debía pagar mucho dinero a su familia. El *wergild* era el precio de la vida que se había quitado. Los anglosajones tenían esta multa especial para evitar venganzas y **deudas de sangre**. Una deuda de sangre es cuando dos familias luchan entre sí durante mucho tiempo, ¡a veces incluso durante generaciones! Muchas personas morían en luchas sangrientas y los anglosajones no querían más caos en sus reinos. Pagar una multa para impedir la venganza puede parecer extraño, pero las leyes anglosajonas ayudaban a los reyes a mantener el orden en sus reinos.

Pasó el tiempo y los reinos luchaban entre sí y cambiaron mucho. Muchos reinos comenzaron siendo pequeños, pero a medida que los anglosajones avanzaban hacia el oeste, se apoderaban de más tierras que habían pertenecido a los britanos, haciendo sus reinos más grandes.

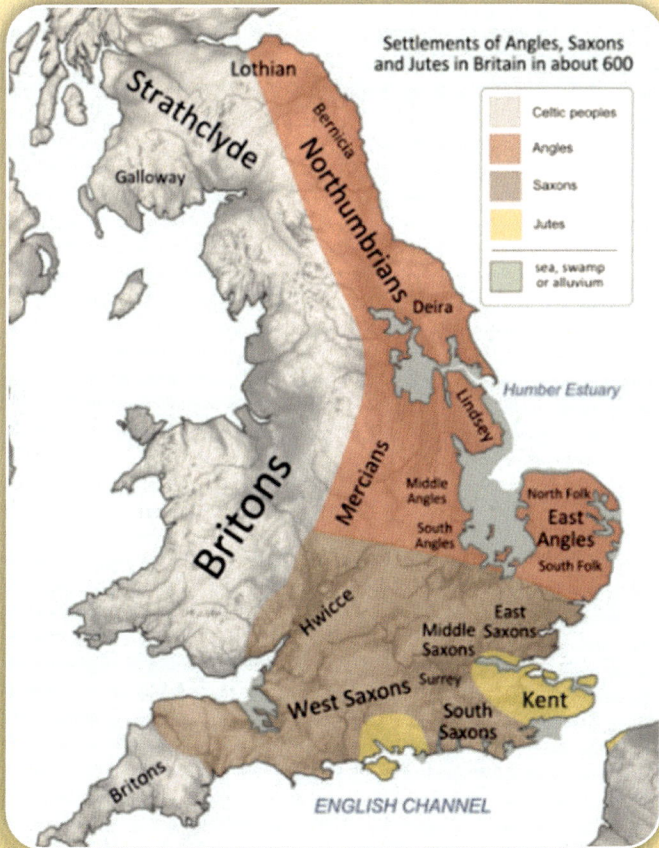

Los asentamientos anglosajones a principios del siglo VII

Uno de los reinos más importantes a principios de la historia anglosajona fue **Northumbria**. Se encontraba en la parte septentrional de la Gran Bretaña anglosajona y fue colonizado originalmente por los anglos. Northumbria se formó a partir de dos estados separados llamados **Bernicia** y **Deira**. Los dos estados se unieron bajo el mando del **rey Æthelfrith** (ethel-frith), y el reino continuó expandiéndose hacia el norte. El momento en el que Northumbria fue más poderosa fue durante el siglo VII. Contaba con un fuerte ejército y varios monasterios poderosos. Puede que hoy en día no consideremos los monasterios como lugares poderosos, pero en la época anglosajona eran centros de aprendizaje. En el siglo VIII, Northumbria perdió importancia porque muchos luchaban por ser reyes. El caos interno dificultó que Northumbria se mantuviera fuerte frente a los demás reinos anglosajones.

Directamente al sur de Northumbria estaba **Mercia**. Este reino se encontraba en el centro de Britania. Esto hacía que fuera difícil de defender, porque estaba rodeado de otros reinos. Gran parte de la historia de Mercia está llena de batallas para mantener a salvo sus fronteras y proteger a su pueblo. Durante los siglos VII y VIII, Mercia fue lo suficientemente fuerte como para defenderse e incluso ampliar su territorio. El rey mercio más famoso fue el **rey Offa**. Gobernó durante 39 años y tenía poder sobre otros reinos como Wessex y Anglia Oriental. Es famoso sobre todo por la construcción de la **muralla de Offa**, una muralla que se extendía entre Gales y Mercia, y aún hoy se pueden ver partes de ella. Sin embargo, tras la muerte del rey Offa, Mercia perdió importancia y perdió su capacidad de autogobierno en el siglo X.

BRITISH ISLES
about 802

- States of the Angles
- States of the Saxons
- State of the Jutes
- States of the native Britons, Picts, and Scots

R. Botev, 2006

NORTH SEA

IRELAND

PICTLAND (SCOTLAND)

Loch Ness

Moray Firth

Nechtansmere

Scots

DALRIADA

STRATHCLYDE

Firth of Clyde

Firth of Forth

Edinburgh

LOTHIAN

Tweed R.

Bamburgh

BERNICIA

NORTHUMBRIA

Jarrow

GALLOWAY

Solway Firth

Carlisle

CUMBRIA

DEIRA

Whitby

Ouse R.

York

Leeds

Lough Neagh

Armagh

ISLE OF MAN

IRISH SEA

Dublin

Barrow R.

ISLE OF ANGLESEY

Bangor

Chester

Nottingham

Lincoln

Humber R.

The Wash

Trent R.

NORTH

Cardigan Bay

WALES

St. Davids

Caerwent

Leicester

MERCIA

Ouse R.

EAST

Thetford

Northampton

ANGLIA

Worcester

Severn R.

Waterford

Colchester

Oxford

ESSEX

London

Bristol Channel

Bristol

Bath

Reading

Ockley

Rochester

Canterbury

KENT

Dover

WESSEX

Winchester

Hastings

SUSSEX

Pevensey

WEST WALES

Exeter

Dorchester

ISLE OF WIGHT

West of Greenwich · East of Greenwich

Gran Bretaña a principios del siglo IX

Al este de Mercia, en el extremo oriental de Gran Bretaña, se encontraba el reino llamado Anglia Oriental. Anglia Oriental fue fundada por anglos y sajones. Los historiadores creen que Anglia Oriental comenzó alrededor del año 571 después de Cristo. Los habitantes de Anglia Oriental eran muy buenos construyendo barcos. Utilizaban los ríos cercanos para navegar más lejos en Gran Bretaña, e incluso utilizaban barcos para enterrar a personas importantes. El barco funerario más famoso se llama **Sutton Hoo.** Los historiadores creen que este entierro fue para el **rey Rædwald.** El cuerpo del rey se colocó a bordo junto con los objetos que necesitaría en la otra vida, incluida su armadura y sus armas. ¿Se imagina ser enterrado en un barco? Los historiadores han aprendido mucho sobre los anglosajones estudiando el enterramiento de Sutton Hoo.

Anglia Oriental fue gobernada por Mercia durante algún tiempo, pero recuperó su independencia en el siglo IX.

Al sur de Mercia se encontraba el reino de **Wessex.** Wessex es uno de los reinos anglosajones más famosos, porque fue capaz de luchar contra los vikingos durante mucho tiempo. El nombre «Wessex» viene de «*West Saxon*» (sajón occidental). Se fundó a principios de la historia anglosajona, pero no cobró importancia hasta el siglo IX. Antes de eso, los reyes de Wessex estaban ocupados luchando con los britanos en la actual Gales, Mercia y Northumbria. Cuando Mercia cayó, Wessex se expandió y empezó a fortalecerse. Cuando llegaron los vikingos, Wessex era suficientemente fuerte para enfrentarlos. El **rey** más famoso de Wessex fue **Alfredo el Grande**, que se convirtió en el rey de toda la Inglaterra que no estaba bajo dominio vikingo. Este fue un paso importante hacia la unificación del país.

Estos eran los cuatro reinos principales de la Gran Bretaña anglosajona, pero otros tres reinos menores también fueron importantes durante este periodo.

Sussex estaba situado en la costa sur de Gran Bretaña, al sur de Londres y al este de Wessex. Sussex se fundó alrededor del año 477 de la era cristiana y por mucho tiempo no fue un reino independiente. Hacia el 800, Sussex había sido conquistado por Wessex. Sussex era un reino pobre, sobre todo en comparación con los demás reinos anglosajones. Las vestimentas y la metalurgia eran más sencillas, lo que sugiere que no tenían mucho dinero. Sin embargo, gastaban lo que tenían en comida lujosa y una arquitectura impresionante.

Kent estaba al este de Sussex y fue el primer reino anglosajón. Los jutos fundaron Kent alrededor del año 455 después de Cristo. Algunas historias dicen que Kent fue fundado por los jutos, a quienes el rey Vortigern invitó a Gran Bretaña para que le ayudaran a luchar contra los pictos, pero no hay consenso sobre esto entre los historiadores. Sea como fuere, los jutos convivieron con los britanos que ya estaban allí. Los jutos no eran lo suficientemente fuertes como para expulsar a los britanos por completo, así que Kent continuó siendo un reino menor en el sureste de Gran Bretaña hasta que pasó a formar parte de Wessex, hacia el año 860 después de Cristo.

Essex estaba situado entre Kent y Anglia Oriental. Los sajones fundaron Essex en torno al año 500 de nuestra era. Essex trabajaba muy estrechamente con Kent, pero el gobierno de Essex a veces dividía su reino en múltiples territorios. Esto significa que Essex a veces tenía varios reyes a la vez. Esto era un poco diferente de cómo los reinos más grandes dirigían sus gobiernos. Aunque Essex tenía Londres, nunca fue un gran reino y fue entregado a los vikingos durante el siglo IX.

Actividad del capítulo 2

¿Puede etiquetar los siete reinos principales de la Gran Bretaña anglosajona en el siguiente mapa?

Kent   Northumbria   Anglia Oriental   Sussex

Wessex   Essex   Mercia

La vida en la Gran Bretaña anglosajona era muy diferente a la vida actual. Los anglosajones vivían en una época sin tecnología moderna, no tenían autos ni computadores, ¡ni siquiera muchos libros! No tenían tiendas de comestibles ni frigoríficos. ¿Se imagina vivir en un mundo sin todas estas cosas? Incluso sin las máquinas y la ciencia que tenemos hoy en día, los anglosajones construyeron una cultura impresionante que todavía influye en nuestras vidas.

Los anglosajones no vivían en grandes ciudades, como la mayoría de nosotros en los tiempos modernos. La mayoría eran **agricultores**. Vivían en pequeñas **aldeas** y cultivaban la tierra a su alrededor. Muchos pueblos tenían menos de cien habitantes. Con el tiempo, algunos anglosajones se trasladaron a ciudades, pero incluso las grandes ciudades eran diminutas en comparación con las nuestras. Como los pueblos eran tan pequeños y estaban tan alejados unos de otros, era difícil viajar. Algunos viajaban, pero tenían que utilizar caminos en mal estado y atravesar bosques. Gran Bretaña solía tener abundantes bosques, pero muchos árboles han sido talados. Al viajar, debían tener mucho cuidado con los animales salvajes y los bandidos. ¿Se imagina viajar a pie o a caballo por el bosque? Mucha gente no se alejaba mucho de su pueblo por lo difícil que era viajar.

Los anglosajones invadieron Gran Bretaña después de que se marcharan los romanos, y estos dejaron atrás muchas de sus ciudades y caminos de piedra. Habría sido lógico que los anglosajones utilizaran esos edificios, pero no confiaban en los romanos. Decidieron no utilizarlos, e incluso destruyeron algunos. En su lugar, los anglosajones construyeron sus propias casas y aldeas. Los anglosajones construían sus casas con madera y **tejados de paja** o cañas. Estas casas solían tener una sola habitación, y toda la familia vivía junta. Las familias pobres vivían incluso con sus animales, que solían estar separados por un biombo.

Ejemplo de casa anglosajona

Los suelos solían ser de tierra, pero los más adinerados a veces tenían tarimas. Los ricos dormían en camas, pero los pobres tenían que dormir en el suelo de tierra.

La casa más grande del pueblo pertenecía al jefe de la aldea. La casa del jefe tenía que ser lo suficientemente grande como para acoger a todos los guerreros en grandes banquetes. Aunque el jefe era la persona más rica de la aldea, su casa era sencilla comparada con las casas de hoy en día.

El jefe era la persona más poderosa de la aldea, pero los anglosajones tenían una **estructura social** complicada. (Una estructura social es la forma en que un grupo de personas decide el rol que debe cumplir cada uno en la comunidad). Los anglosajones tenían tres **clases** principales, o grupos de personas. La clase alta se llamaba los *thanes*, que eran ricos y pasaban mucho tiempo cazando y celebrando banquetes. La segunda clase era la de los *churls*, que eran personas libres, pero no tenían mucho dinero. La clase más baja era la de los *thralls*, que eran esclavos y llevaban una vida muy dura. Ahora se sabe que la esclavitud está mal, pero formaba parte de la cultura anglosajona.

La mayoría de los anglosajones se sostenían siendo agricultores. Sabían fabricar herramientas como arados y utilizaban animales para ayudarles a arar los campos. Los agricultores cultivaban muchos tipos de alimentos, como trigo y cebada, que usaban para hacer pan, y legumbres y verduras como zanahorias, chirivías, coles y guisantes. Los anglosajones también tenían rebaños de animales como ovejas, cabras y cerdos. En otoño, mataban a algunos de sus animales y conservaban la carne salándola (hacían esto para asegurarse de que tenían suficiente comida para el invierno y para mantener sanos a sus rebaños durante los tiempos fríos).

No todos eran agricultores. Algunos eran **artesanos**. Trabajaban como **herreros**, **alfareros** y **marroquineros**. Cuando trabajaban el metal, los anglosajones hacían joyas hermosas y detalladas. Cuando trabajaban la cerámica, fabricaban ollas y vasijas. Al principio lo hacían todo a mano, pero en el siglo VII empezaron a utilizar el **torno**. Esto puede no parecer importante hoy en día, pero en su momento cambió por completo la forma en que los anglosajones fabricaban su cerámica.

Por supuesto, los anglosajones se centraban en muchas otras cosas aparte de su trabajo. Al principio adoraban a sus propios dioses, pero más tarde se convirtieron al cristianismo y construyeron iglesias cerca de sus pueblos y ciudades (el proceso de conversión al cristianismo de los anglosajones tardó mucho tiempo, por lo que algunas de sus iglesias también contenían elementos de su antigua religión).

Capilla de San Pedro (iglesia anglosajona)

La familia también era muy importante para los anglosajones. Los hombres solían dedicarse a la agricultura o a la artesanía, mientras que las mujeres solían quedarse en casa y cuidar del hogar. Eso incluía elaborar toda la ropa. Esto puede parecer limitante, pero las mujeres anglosajonas tenían sus propios derechos. En su tiempo libre, cazaban, montaban a caballo y tocaban instrumentos musicales. Su pasatiempo favorito era contar historias o adivinanzas.

Muchas de estas historias se transmitían de boca en boca y eran una parte importante de la cultura. La historia anglosajona más famosa se llama *Beowulf*. Es la historia de un gran héroe llamado Beowulf que lucha contra un monstruo llamado **Grendel**.

Los niños de la Gran Bretaña anglosajona tenían que trabajar duro. No había escuelas como las que tenemos hoy. ¿Se imagina no tener que ir a la escuela? Pero no se pasaban el día jugando. Los niños aprendían de sus padres a trabajar en el campo o a hacer manualidades, y las niñas aprendían de sus madres a confeccionar ropa y a cuidar de la casa. Era mucho trabajo, pero también tenían tiempo libre, igual que los adultos. Los niños tenían juguetes como caballos tallados y juegos de mesa que usaban cuando no tenían que trabajar.

La ropa que vestían los anglosajones era diferente a la nuestra. Todo estaba hecho de fibras naturales como la lana. Los hombres vestían túnicas y un tipo de pantalones llamados **calzones**. Se sujetaban los calzones con un cinturón de cuero. Cuando hacía frío, los hombres también llevaban capa. Las mujeres vestían largas prendas de lino y largas túnicas sobre ellas. Tanto los hombres como las mujeres llevaban broches y hebillas para mantener sus prendas bien sujetas y a veces las mujeres llevaban collares de cuentas, pulseras y anillos.

La vida en la Gran Bretaña anglosajona era diferente a la nuestra, pero también trabajaban muy duro. Ese duro esfuerzo contribuyó a construir el país que es Gran Bretaña hoy en día, ayudando a avanzar hacia una época en la que se puede viajar con seguridad, comprar en tiendas de comestibles y asistir a la escuela. Los anglosajones tenían una sociedad compleja, a pesar de que pueda pensarse que su vida era muy dura si se mira hacia atrás en la historia.

aldeas   Beowulf   ropa

agricultores   tejados de paja

Los anglosajones llevaban una vida muy diferente a la nuestra. Vivían en pequeñas _____, y no viajaban mucho. La mayoría de los anglosajones eran _____ y cultivaban sus propios alimentos, como trigo y zanahorias. Vivían en edificios de una sola habitación con _____. Toda la familia vivía junta y todos trabajaban, incluso los niños, que debían aprender a cultivar la tierra o a confeccionar _____. Aun así, tenían tiempo para jugar. A los anglosajones les encantaba contar historias, y una de sus historias más famosas es _____.

Capítulo 4: Religión y costumbres

La religión de Gran Bretaña cambió mucho durante la época de los anglosajones. La religión principal pasó de ser el paganismo al cristianismo, pero el cambio no fue amable ni repentino. Aunque los misioneros empezaron a llegar en el año 597 d. C., convertir a todos los anglosajones les llevó muchos años.

¿Sabía que ya había cristianos en Gran Bretaña antes de la llegada de los anglosajones? Gran Bretaña había sido gobernada antes por Roma y algunos romanos eran cristianos. Por esto, algunos británicos ya se habían convertido al cristianismo. Cuando los anglosajones llegaron a Gran Bretaña, trajeron consigo su religión **pagana**. Se convirtió en la religión principal del país, aunque no se sabe mucho de ella. Los anglosajones no escribieron sus creencias religiosas ni sus costumbres; solo dejaron algunas construcciones y nombres a partir de los cuales los historiadores aún intentan descifrar estas creencias. Lo que sí se sabe es que había templos y que algunos de los nombres de esos templos están relacionados con nombres de la mitología nórdica. La **mitología nórdica** proviene del norte de Alemania y de las zonas escandinavas y tenía muchos dioses diferentes. Los anglosajones parecen haber adorado al menos a algunos de ellos.

La religión pagana anglosajona fue la principal en Gran Bretaña durante un tiempo, hasta que la Iglesia cristiana decidió enviar **misioneros** (un misionero es alguien que va a un lugar nuevo y enseña a la gente su religión. Los misioneros buscan convencer a otras personas para que se unan a su religión). Entre esos misioneros que envió la Iglesia católica había un monje llamado **San Agustín**.

Es posible que haya oído hablar de otro pensador cristiano llamado **Agustín de Hipona**. Vivió entre los años 354 y 430 de nuestra era y escribió importantes libros sobre **teología** (la teología es el estudio de Dios). Algunos de sus libros fueron *Confesiones* y *Ciudad de Dios*.

El Agustín que fue a Gran Bretaña era otro hombre. Con el tiempo se le conoció como Agustín de Canterbury. No se sabe mucho sobre San Agustín, pero sí que vivió entre los siglos VI y VII. Era monje en la abadía de San Andrés, en Roma.

No fue idea de San Agustín ir a Gran Bretaña. El **Papa Gregorio I** quería convertir a los anglosajones de la isla al cristianismo. Una leyenda cuenta que el Papa Gregorio vio a un par de esclavos de cabello claro a la venta en Roma. Cuando preguntó quiénes eran, le dijeron que eran anglos. El Papa Gregorio dijo que eran ángeles, no anglos. Decidió que los anglosajones necesitaban el cristianismo.

El Papa Gregorio eligió Kent como el primer lugar donde Agustín debía propagar el cristianismo. Una de las razones por las que eligió Kent es que era un reino poderoso a finales del siglo VI. El Papa Gregorio I sabía que Kent podría convencer a otros reinos de convertirse al cristianismo. Otra razón es que el **rey Æthelberht** (Ethel-bert) se había casado con una princesa llamada **Bertha**. Bertha ya era cristiana y él le permitió seguir practicando su religión.

Agustín llegó a Kent en el año 597 en compañía de unas cuarenta personas. El rey Æthelberht escuchó lo que tenían que decir y les permitió establecerse cerca de **Canterbury**, la capital de Kent. Predicaron en la ciudad y empezaron a convertir a mucha gente. Incluso el rey se convirtió, aunque los historiadores no están seguros de cuándo. Con el tiempo, Agustín se convirtió en el primer **arzobispo de Canterbury**, cargo que sigue siendo muy poderoso en la Iglesia católica actual.

Agustín también fundó un monasterio. Su intención era dedicarlo a San Pedro y San Pablo, pero murió el 26 de mayo de 604, antes de que el monasterio estuviera terminado. Hoy se conoce como la **Abadía de San Agustín** y el monje está enterrado ahí. Cuando murió, la misión cristiana aún estaba en Kent, su ejemplo ayudó a otros misioneros a convertir otras partes de la Gran Bretaña anglosajona.

Augustine of Canterbury's burial site.
https://commons.wikimedia.org/wiki/File:AgCant-tomb.jpg

Pero San Agustín no fue el único misionero cristiano que llegó a las Islas Británicas. Antes de que San Agustín fuera a Gran Bretaña, los misioneros ya habían empezado a visitar **Irlanda**. Uno de los misioneros más famosos fue **San Patricio.** Nació en Inglaterra, pero fue capturado por los irlandeses. Tuvo que trabajar como pastor durante seis años. Después de escapar, San Patricio tuvo un sueño en el que le decían que regresara a Irlanda y convirtiera a la población al cristianismo. Los historiadores desconocen las fechas exactas en que San Patricio trabajó en Irlanda, pero creen que estuvo allí durante el siglo V de nuestra era. Más tarde, otros misioneros llegaron a Gran Bretaña desde Irlanda y también ayudaron a convertir a la gente.

Otros misioneros llegaron a Gran Bretaña y avanzaron lentamente por los reinos anglosajones. Hubo contratiempos por el ascenso al poder de diferentes reyes, pero el cristianismo pronto se extendió por Northumbria, Mercia, Wessex y Sussex. El paganismo siguió siendo una parte importante de la vida anglosajona durante años, por lo que hubo una época en la que el cristianismo y las prácticas paganas anglosajonas coexistieron. Beda el Venerable habla incluso de un templo que tenía un ídolo pagano y una iglesia cristiana. Perteneció al rey Rædwald (Reed-wald) de Anglia Oriental en el siglo VII.

Æthelstan presenting a Bible to Cuthbert.
https://commons.wikimedia.org/wiki/File:Athelstan.jpg

El cristianismo tuvo un gran impacto en los anglosajones. No solo cambió sus prácticas religiosas, sino también su **política** y su **cultura**. Uno de los mayores cambios fue la introducción de un **sistema de escritura** (un sistema de escritura es una manera uniforme en la que se escriben cosas).

Aunque usted no piense mucho en ello, alguien tuvo que inventar el alfabeto para que pudiéramos crear palabras a partir de las letras. Así, una vez que se escribe algo, otras personas pueden leer la información. ¿Se imagina vivir en una sociedad en la que no se pudieran escribir las cosas? Comunicarse sería más difícil, sobre todo con personas lejanas.

Los anglosajones no tenían un sistema de escritura. Cuando llegaron los misioneros cristianos, trajeron consigo la lengua **latina** y su alfabeto. Los reyes utilizaron el nuevo sistema de escritura para redactar códigos legales y cartas de propiedad. Esto ayudó a estabilizar los reinos anglosajones.

Los misioneros cristianos también construyeron **monasterios** en Gran Bretaña. Un monasterio es un lugar donde viven monjes o monjas, pero en la Gran Bretaña anglosajona los monasterios eran más que eso. También eran importantes **centros de aprendizaje**. Tenían grandes bibliotecas porque los monjes tenían tiempo para copiar libros. En aquella época, los libros eran muy caros porque había que copiarlos a mano (los monjes se tomaban el tiempo de copiar muchos libros y eran famosos por crear bellas obras de arte en los márgenes de sus copias). Al tener tantos libros, los monasterios eran también **escuelas** y **centros económicos**. Los monasterios eran una parte importante de la Iglesia anglosajona, pero experimentaron algunas reformas. La más famosa de ellas fue la **regla de San Benito**, que intentaba que los monasterios británicos se parecieran más a los del resto de Europa, pero no todos los monasterios pequeños las siguieron.

An 8th-century copy of the rule of St. Benedict.

https://commons.wikimedia.org/wiki/File:MS._Hatton_48_fol._6v-7r.jpg

El cristianismo tuvo un gran impacto en los anglosajones. Les proporcionó un sistema de escritura, una nueva cultura y una nueva estructura social (la Iglesia tenía una **jerarquía**, que es una forma de clasificar a las personas para realizar determinados trabajos. La Iglesia católica moderna tiene una jerarquía similar a la que los anglosajones utilizaban en sus iglesias). Al convertirse al cristianismo, los anglosajones tuvieron más vínculos con el resto de Europa. Esto hizo que cambiara para siempre la forma en que los anglosajones pensaban sobre el mundo que les rodeaba.

Actividad del capítulo 4

¿Puede responder a estas preguntas con frases completas?

1. ¿En qué año llegó San Agustín a Gran Bretaña?

2. ¿Cuál era la religión mayoritaria en Gran Bretaña antes de la llegada de San Agustín?

3. ¿Qué santo fue a Irlanda?

4. ¿Por qué eran importantes los monasterios en la Gran Bretaña anglosajona?

5. ¿Qué sistema de escritura trajeron consigo los misioneros?

Los anglosajones tuvieron muchos reyes durante su estancia en Gran Bretaña, pero el más famoso fue **Alfredo el Grande, rey** de Wessex desde el 871 hasta el 899 de nuestra era. Detuvo la invasión vikinga y comenzó a unir a todos los reinos anglosajones.

Alfredo el Grande

https://commons.wikimedia.org/wiki/File:Alfred_the_Great.jpg

Alfredo nació en el año 849 d. C. en una ciudad llamada **Wantage**, en Wessex. Era hijo del **rey Æthelwulf**, pero nadie esperaba que llegara a ser rey. Todos pensaban que gobernarían sus hermanos, ya que Alfredo tenía cuatro hermanos mayores.

Los historiadores no tienen mucha información sobre la infancia de Alfredo. Saben que visitó al Papa con su padre y también que era un poco enfermizo. Tuvo problemas de salud toda su vida. No se sabe de qué padecía, pero algunos historiadores creen que era la enfermedad de Crohn. Aunque probablemente no era fuerte físicamente, era muy inteligente y sabía dirigir a su pueblo.

Mientras el padre y los hermanos de Alfredo gobernaban Wessex, Gran Bretaña sufría los ataques de los **vikingos,** que eran pueblos del norte de Europa, especialmente de la actual Escandinavia. No eran un país unido, sino un grupo de tribus que compartían una cultura similar. Algunos vikingos eran agricultores, pero en Escandinavia hacía tanto frío que no podían cultivar todos los alimentos que necesitaban. Así que algunos vikingos también eran **saqueadores**. Atacaban ciudades cercanas a la costa o a los ríos. Los vikingos tenían barcos poco profundos que les permitían remontar ríos, y sus ataques eran tan rápidos que no daban al enemigo tiempo de defenderse.

Los vikingos habían estado atacando Gran Bretaña desde la década de 790. Pronto, no solo querían asaltar las ciudades, sino que querían tomar el control de Gran Bretaña. Los anglosajones no querían que los vikingos tomaran sus tierras, pero los vikingos eran tan fuertes, que los reinos anglosajones fueron cayendo uno a uno. Varios hermanos de Alfredo murieron en las batallas contra los vikingos. En el 870 d. C., Wessex era el único reino anglosajón que quedaba en pie.

Alfredo se convirtió en rey en 871 y lideró el ejército de Wessex contra los vikingos, impidiendo que tomaran Wessex. Pensó que por fin había logrado la paz.

De repente, en 878 d. C., el **rey** danés **Guthrum** atacó al rey Alfredo. El ataque fue tan rápido que Alfredo no tuvo tiempo de defenderse ni de defender a su pueblo. Apenas pudo escapar con vida. ¿Se imagina lo aterrador que debió ser para el rey Alfredo? Estaba asustado, pero también enfadado. No quería que los vikingos le arrebataran su reino.

Hay una leyenda a partir de la huida del rey Alfredo. Dice que mientras escapaba, se quedó en la cabaña de una mujer pobre por una noche. Ella no sabía que él era el rey. Ella estaba ocupada trabajando y le pidió a Alfredo que vigilara los pasteles que estaba horneando. El rey estaba tan preocupado por su reino que se olvidó de vigilar los pasteles, ¡y se quemaron! La mujer se enfadó porque había dejado que se quemaran y le reprendió por ello.

El rey Alfredo se escondió en las marismas de Somerset durante varios meses. Reunió a todo un ejército a su alrededor, lleno de otros anglosajones que querían luchar contra los vikingos. Muchos de los que le ayudaron eran nobles locales, como los thegns y los ealdormen. Estas personas también controlaban pequeños grupos del ejército, por lo que seguían siendo leales al rey Alfredo. Finalmente, en mayo, el rey Alfredo atacó a los vikingos en la **batalla de Edington**. Los sorprendió utilizando tácticas de lucha vikingas y ¡ganó! Después de ganar la batalla, los siguió hasta **Chippenham**, que los vikingos utilizaban como fortaleza. **Asedió** la fortaleza y los obligó a rendirse. El gran ataque vikingo contra Wessex por fin había terminado.

El rey Alfredo sabía que los vikingos eran demasiado fuertes para expulsarlos completamente de Gran Bretaña, así que firmó un tratado de paz con ellos. Se llamó el **Tratado de Wedmore**. Como parte del tratado, los vikingos tuvieron que convertirse al cristianismo, pero lo más importante del tratado es que dividió Gran Bretaña. Los vikingos recibieron las partes norte y este de Gran Bretaña, y su tierra se llamó

Danelaw. El rey Alfredo conservó Wessex y también se hizo cargo del oeste de Mercia y Kent. La división de la tierra significaba que todo lo que no estaba bajo el control de los vikingos, estaba bajo el dominio del rey Alfredo. Así es como el rey Alfredo llegó a ser conocido como el **Rey de los ingleses**. Los vikingos y el rey Alfredo no siempre se llevaron bien después de este tratado, pero hubo una época de relativa paz en Gran Bretaña. El rey Alfredo ayudó a mantener la paz haciendo que los soldados vigilaran la frontera entre Danelaw y las tierras anglosajonas.

Moneda de plata de Alfredo el Grande. El hecho de que aparezca en las monedas evidencia su importancia

El rey Alfredo fue un buen rey durante la guerra, pero lo fue aún más en tiempos de paz. Como los vikingos no habían desaparecido, una de las primeras cosas que hizo fue reorganizar su ejército y crear asentamientos fuertes. Estos asentamientos estaban diseñados para proteger a la gente de los ataques vikingos y se construyeron por todo el sur de Gran Bretaña. Incluso se construyó uno en Londres. El ejército se reestructuró para permitir que algunos soldados vigilaran las fronteras mientras otros cuidaban de sus granjas.

También construyó una armada para Wessex. No era la primera armada de Gran Bretaña, pero era muy importante para defender las tierras de Alfredo de los ataques vikingos. Quería tener poder en el mar para detener a los vikingos incluso antes de que llegaran a su tierra.

Además de trabajar duro para defender a su pueblo de los vikingos, el rey Alfredo creó nuevas leyes y se centró en reiniciar la educación. Mientras los vikingos atacaban, mucha gente dejó de visitar a los maestros o de aprender a leer. Usted puede pensar que no tener clase es divertido, pero el rey Alfredo sabía que no aprender nada sería duro para su gente. En la escuela se aprende a pensar, a leer, a escribir y a observar con atención el mundo. Estas son habilidades importantes para cualquier persona, y el rey Alfredo sabía que su pueblo las necesitaba para sobrevivir a futuros ataques vikingos y construir un reino fuerte.

El rey Alfredo fundó escuelas y ayudó a reconstruir monasterios. Para reabastecer todos los libros que los vikingos habían destruido, Alfredo incluso ayudó a traducir del latín al anglosajón los libros que consideraba más importantes.

El rey Alfredo murió en el año 899 de la era cristiana con solo 50 años. El rey Alfredo el Grande es famoso sobre todo por detener a los vikingos y unir los reinos anglosajones que quedaban. Allanó el camino para la unificación de Gran Bretaña bajo un solo rey. Debido a su duro trabajo y dedicación a su reino, el rey Alfredo es el único rey británico llamado «el Grande». Este apodo ayuda a recordar que el rey Alfredo impulsó a Gran Bretaña hacia el país que es hoy.

¿Puede poner estos acontecimientos en el orden correcto?

➤ Los vikingos invaden Gran Bretaña por primera vez.

➤ Alfredo reinicia las escuelas en Wessex.

➤ Se firma el Tratado de Wedmore.

➤ Alfredo nace en Wantage.

➤ Alfredo se convierte en rey.

➤ Alfredo quema los pasteles de una mujer pobre, según la leyenda.

Capítulo 6: El rey Offa y el rey Egberto

Tanto el rey Offa como el rey Egberto fueron reyes anglosajones famosos, aunque de reinos diferentes. Veamos qué hizo importante a cada rey y cómo influyeron en la forma en que los anglosajones se establecieron en Gran Bretaña.

El rey Offa

Offa fue rey de **Mercia** entre los años 757 y 796 de nuestra era. Fue uno de los reyes anglosajones más poderosos y gobernó Mercia cuando era el reino más fuerte de Gran Bretaña. El rey Offa era tan poderoso que incluso colaboró con gobernantes europeos como **Carlomagno**. Carlomagno era un gobernante importante en Francia durante esta época, por lo que negociar con él era un gran negocio para el rey Offa.

Los historiadores no saben mucho sobre Offa antes de que se convirtiera en rey. Su padre era **Thingfrith** (thing-frith), que no era rey. El rey de Mercia era el **rey Æthelbald** (ethel-bald), pero fue asesinado en 757 d. C. Varias personas querían el trono y lucharon entre sí en una breve guerra civil. Finalmente, Offa venció y se convirtió en rey en el 757 d. C.

El rey Offa expandió su poder apoderándose de otros reinos anglosajones cercanos. Pronto tuvo bajo su poder a Kent, Essex y Sussex. El rey Offa incluso tenía influencia en otros reinos como Wessex y Anglia Oriental. Esta influencia significaba que podía poner a quien quisiera en sus tronos (¿se imagina tener tanto poder como para decir a otros países quiénes deben ser sus gobernantes?). El rey Offa nunca unió a todos los anglosajones, pero empezó a llamarse a sí mismo **Bretwalda de Inglaterra**. Bretwalda significa señor. Mientras fue rey de Mercia, el rey Offa controló gran parte de Inglaterra. Era conocido por ser despiadado, creativo y decidido.

En esta época de la historia, ser un rey poderoso no consistía solo en tener un ejército fuerte. También había que tener buenos matrimonios. Puede parecer extraño, pero muchos miembros de la realeza no se casaban por amor. Se casaban por poder político. El rey Offa fue uno de ellos. Arregló matrimonios para sus hijas con reyes de Northumbria y Wessex. Incluso ofreció arreglar un matrimonio entre sus hijos y los hijos de Carlomagno, pero Carlomagno no accedió.

El rey Offa es famoso sobre todo por la construcción de la **muralla de Offa.** Una muralla es un sistema de defensa hecho de tierra, una colina artificial con una zanja a un lado. La zanja se cavaba en el lado externo del reino. Las murallas dificultaban el acceso al reino a quienes querían invadirlo y ofrecían una buena posición para defender las fronteras.

Imagen de una moneda con la efigie de Offa, rey de Mercia entre el 757 y el 796
https://commons.wikimedia.org/wiki/File:Offa_king_of_Mercia_757_796.jpg

La muralla de Offa se construyó entre Mercia y **Gales** para mantener alejados a los galeses. La muralla tenía 140 millas de largo, ¡y aún hoy se pueden ver partes de ella a lo largo de la frontera entre Inglaterra y Gales!

El rey Offa fue un poderoso monarca que dirigió Mercia durante su época de mayor poder. Sin embargo, su obra no duró mucho tras su muerte, en el 796. Quiso que su hijo **Ecgfrith** (ec-frith) tomara el reino, pero Ecgfrith fue asesinado antes de cumplir un año de gobierno. Gran parte del trabajo de Offa se deshizo y el poder de Mercia cayó, al punto que este reino no volvió a gobernar Gran Bretaña como lo había hecho con Offa.

El rey Offa es recordado por su muralla defensiva, su energía y su capacidad para someter a muchos de los otros reinos anglosajones.

El rey Egberto

El rey Egberto es el segundo rey más famoso de Wessex. Es famoso por unir el poder de Wessex y derrocar a Mercia. Algunos historiadores creen que la labor de Egberto ayudó a Wessex a luchar con éxito contra los vikingos.

Egberto nació alrededor del año 770 de la era cristiana, pero los historiadores no saben mucho sobre su infancia. Ni siquiera saben si nació en Kent o en Wessex. Cuando el rey Cynewulf de Wessex murió en el año 786, Egberto quiso ocupar el trono. El problema era que no era el único. **Beorhtric** también reclamaba el trono y pidió al rey Offa que le apoyara. En ese momento, el rey Offa era el rey más poderoso de toda Gran Bretaña y se aseguró de que Beorhtric se convirtiera en el siguiente rey de Wessex. Egberto fue desterrado de Britania, por lo que se fue a Francia a vivir con el **emperador Carlomagno** durante unos años. Egberto se casó con una noble llamada **Redburga** y permaneció en Francia hasta el año 802 de la era cristiana. Beorhtric murió en el 802, por lo que Egberto regresó a Wessex y se convirtió en rey. Probablemente contó con la ayuda de Carlomagno, pero todo indica que el pueblo de Wessex también lo aceptó.

Retrato de Egberto

Los historiadores no tienen mucha información sobre los primeros años del reinado de Egberto. Creen que pasó el tiempo formando un ejército y reestructurando el gobierno. Alrededor del 815 d. C., Egberto se apoderó de **Cornualles**, una región próxima a Wessex. Probablemente empezó por Cornualles porque tenía una buena metalurgia y un sólido sistema comercial. Estas son cosas importantes para construir un ejército.

En el 825, Mercia quiso volver a controlar Wessex, por lo que el **rey Beornwulf** atacó. Esto condujo a la **batalla de Ellandun**, una de las más decisivas de la historia anglosajona. El rey Egberto derrotó al rey Beornwulf. Wessex había derrotado finalmente a Mercia. Entonces, el rey Egberto marchó a Kent y comenzó a apoderarse de los reinos que Mercia había gobernado hasta entonces. Egberto pronto controló Kent, Sussex, Surrey y Anglia Oriental. En el 829, derrotó a la propia Mercia. El único reino que quedó fue Northumbria, que rápidamente aceptó al rey Egberto como su señor. En solo cuatro años, el rey Egberto se convirtió en el **Bretwalda** de Gran Bretaña.

El rey Egberto no tuvo los recursos para controlar toda Gran Bretaña por mucho tiempo. En el 831, Mercia se había liberado de su control una vez más y gobernaba de forma independiente. Además, los vikingos empezaron a amenazar las costas británicas. Egberto pasó el resto de su reinado luchando contra los vikingos y murió en el 839 d. C.

Egberto fue el rey más poderoso de su época. Lideró el cambio de poder de Mercia a Wessex, y su trabajo ayudó a preparar a Wessex para sobrevivir a los ataques vikingos que llegaron después. Aunque Egberto no pudo reunir a toda Inglaterra en un solo reino, su poder ayudó a estabilizar Wessex, creando los cimientos que reyes como Alfredo el Grande utilizaron para unir a los anglosajones en un solo reino.

Actividad del capítulo 6

¿Puede relacionar los siguientes hechos con el rey correcto?

Rey Offa	Rey Egberto

Rey de Mercia.

Construyó una muralla entre Inglaterra y Gales.

Vivió unos años en la corte de Carlomagno.

Ganó la batalla de Ellandun.

Se convirtió en rey después del rey Æthelbald.

Se convirtió en señor de Northumbria.

Rey de Wessex.

Concertó matrimonios para obtener mayor poder político.

Los normandos fueron el último pueblo en invadir Gran Bretaña con éxito. Conquistaron oficialmente a los anglosajones en 1066 d. C. y su invasión cambió una vez más el curso de la historia británica. Tras esta conquista, los anglosajones siguieron formando parte de la vida británica. Al combinar las culturas normanda y anglosajona, se creó una nueva cultura que terminó dando lugar a la cultura inglesa moderna. Parte de esa nueva cultura era la lengua que ahora llamamos **inglés antiguo**. Tenemos muchas cosas contemporáneas que proceden de la invasión normanda de Gran Bretaña.

Es importante señalar que los normandos no eran el mismo pueblo que los vikingos. Los vikingos llevaban varios cientos de años atacando Inglaterra e incluso se habían apoderado de parte de ella. Los normandos procedían de una zona de Francia llamada **Normandía**. Sin embargo, sí estaban emparentados con los vikingos.

Los vikingos habían estado asaltando Europa durante varios cientos de años, incluyendo a Francia. Estos ataques fueron feroces porque Francia tenía muchos recursos. Pronto tomaron tierras propias cerca del final del **río Sena**. En el 911, el rey Carlos III hizo un tratado con un gobernante vikingo llamado **Rollo**. Rollo ya era famoso por sus invasiones a Irlanda y Escocia, y algunas historias dicen que era tan grande que un caballo no podía llevarlo. Quizás era así de grande, pero lo que es seguro es que muchos otros gobernantes le temían.

El rey Carlos III concedió a Rollo tierras en el norte de Francia, cerca de la desembocadura del río Sena. Esta zona era Normandía. Rollo se convirtió en el primer **duque de Normandía** y los vikingos se adaptaron rápidamente a la lengua y las costumbres francesas. En cien años, los normandos eran un grupo independiente de los vikingos. Es muy poco tiempo, sobre todo en la perspectiva histórica.

¿Se imagina cambiar su lengua y su cultura en unos pocos años?

Los normandos hablaban francés antiguo y se convirtieron al cristianismo. Se hicieron famosos por su capacidad de adaptación. Al igual que los vikingos, podían viajar rápidamente por tierra o por mar; pero, a diferencia de los vikingos, los normandos también aprendieron a luchar a caballo y extendieron el **feudalismo** a todos los lugares que conquistaron.

El feudalismo era una estructura social que ordenaba la sociedad medieval. En la cima estaba el rey. El rey poseía toda la tierra, pero cedía tierras a la nobleza. La nobleza se comprometía a prestar apoyo militar al rey durante las guerras a cambio de tierras. A continuación, la nobleza repartía parte de sus tierras a los **vasallos**. Los vasallos eran personas que aceptaban servir a la nobleza a cambio de tierras y protección. Esta estructura funcionaba similarmente hasta llegar a los campesinos. Los campesinos vivían en las tierras de un noble y ayudaban a trabajarlas o entregaban a la nobleza parte de la cosecha. A cambio de ese trabajo, la nobleza protegía a los campesinos de los ejércitos enemigos.

Los normandos adoptaron muchas otras cosas de los franceses. Aprendieron a luchar a caballo y pronto se convirtieron en expertos, al igual que muchos otros reinos de Europa. Utilizaban el mismo tipo de caballo que los franceses. Incluso llevaban una armadura similar a la de otros soldados del noroeste de Europa. Llevaban una camisa llamada **hauberk** hecha de cota de malla (un tipo de armadura hecha de pequeños anillos de metal). Esto la hacía lo bastante flexible para luchar con ella, pero también protegía de flechas y espadas. Normalmente llegaba desde el cuello hasta la mitad del muslo, pero había algunas diferencias de una persona a otra.

Los normandos también llevaban un casco en forma de cono y un escudo en forma de diamante. Tenían una espada larga y una lanza para luchar. Ambas armas eran buenas para usarlas a caballo, y los normandos se hicieron famosos por ser los más poderosos en el campo de batalla. Eran fuertes y despiadados y se adaptaron rápidamente al entorno y a la cultura que les rodeaba. Incluso viajaron hasta **Italia** y **Sicilia**, donde iniciaron su conquista vendiendo sus servicios como mercenarios (un **mercenario** es un soldado a sueldo. Los mercenarios luchan para quien les pague más dinero). Con el tiempo, había tantos normandos en Italia y Sicilia que tomaron algunas tierras para sí mismos.

El Tapiz de Bayeux representa un asedio normando a los anglosajones
https://commons.wikimedia.org/wiki/File:Bayeux_Tapestry_scene19_detail_Castle_Dinan.jpg

Por supuesto, los normandos también querían conquistar Gran Bretaña. Normandía ya era un reino rico. Tenía mucho trabajo textil. **Textil** es otra palabra para tela, y durante esta época de la historia, era muy importante fabricar tela para poder hacer ropa. La gente de Normandía era muy buena haciendo telas, así que las vendían y ganaban dinero de esa manera. Sin embargo, como muchos otros reinos, los normandos querían conquistar otras tierras para obtener más poder y recursos.

En el 1066 d. C., Guillermo **el Conquistador** era el duque de Normandía y creía que tenía derecho al trono inglés. Cuando murió el **rey Eduardo el Confesor**, Guillermo quiso ser coronado. Los anglosajones no estaban de acuerdo con él y coronaron a **Harold Godwin** como rey. Guillermo decidió invadir y tomar el trono por la fuerza. Esto dio comienzo a la **conquista normanda**, que fue la última vez que Inglaterra fue invadida con éxito. Los normandos acabaron derrotando a los anglosajones en la **batalla de Hastings**.

Los anglosajones y los normandos eran muy diferentes. Los normandos trajeron consigo el feudalismo, mientras los anglosajones habían estructurado su gobierno mediante un **sistema de condados** que dividía la tierra en secciones. Aunque se nombraban personas para mantener el orden en cada condado, el feudalismo estaba más estructurado que este sistema.

Los normandos hicieron que el gobierno anglosajón fuera más eficaz y garantizaron que Inglaterra estuviera a salvo de invasiones extranjeras. Esto les ayudó a unificar el país de forma más segura que los anglosajones.

Los normandos también trajeron consigo su **arquitectura**. Los anglosajones solían construir estructuras de madera, mientras los normandos construían edificios de piedra. Les gustaba construir castillos en lo alto de las colinas porque eran más fáciles de defender, pero también iglesias y monasterios de piedra. Estos edificios eran más permanentes que los anglosajones. Eran impresionantes y debían hacerse notar, al igual que los normandos.

Los normandos solo necesitaron cien años para construir una cultura única que les permitió conquistar lugares por toda Europa, pero su conquista más famosa fue la de Gran Bretaña. Derrotaron al pueblo anglosajón y llevaron a Gran Bretaña a la siguiente fase de su historia. Hoy en día se sigue notando la influencia del espíritu y la determinación normandos que se arraigaron en la Gran Bretaña anglosajona.

Actividad del capítulo 7

¿Puede responder a las siguientes preguntas con frases completas?

1. **¿Quién fue el primer duque de Normandía?**

   _____

   _____

2. **¿Qué es el feudalismo?**

   _____

   _____

3. **¿Qué tipo de armadura llevaban los normandos?**

   _____

   _____

4. **¿Cómo se inventó el inglés antiguo?**

   _____

   _____

5. **¿Cómo estructuraron su sociedad los anglosajones? ¿Era diferente del feudalismo?**

   _____

   _____

6. **¿Cuándo invadió Inglaterra Guillermo el Conquistador?**

   _____

   _____

Capítulo 8: La batalla de Hastings

La **batalla de Hastings** es una de las más importantes de la historia británica. Fue la batalla decisiva en la **conquista normanda**, y la victoria normanda marcó el fin del dominio anglosajón en Gran Bretaña.

Pero, ¿cómo empezó esta batalla?

La conquista normanda comenzó con la muerte del **rey Eduardo el Confesor** en el 1066 d. C. No tuvo hijos, por lo que había muchas dudas sobre quién debía ser el siguiente rey. Había tres hombres que pensaban que tenían derecho al trono de Inglaterra.

El primero era el **rey Harald Hardrada,** de Noruega, que pensaba que los vikingos debían ocupar el trono. Ya lo habían hecho anteriormente, pero lo habían perdido ante los anglosajones antes del rey Eduardo. Cuando el rey Eduardo murió sin descendencia, el rey Harald Hardrada pensó que era hora de que los vikingos volvieran a ocupar el trono.

El segundo hombre era **Harold Godwinson**. Era el conde de Wessex y cuñado del rey Eduardo. Harold era un hombre poderoso y fue aceptado por los anglosajones como el próximo rey.

El tercer hombre era **Guillermo de Normandía**, más conocido como Guillermo el Conquistador. Guillermo era primo del rey Eduardo y afirmaba que Eduardo le había nombrado heredero (esto significa que Eduardo había prometido que el trono inglés pasaría a Guillermo tras su muerte). También dijo que Harold Godwinson había prometido apoyar la reclamación de Guillermo al trono en el 1065. Los historiadores no están seguros de que esto sea cierto, pero si Harold se ofreció a apoyar la reclamación de Guillermo, faltó a su palabra en el 1066. Esto enfureció a Guillermo, que decidió invadir Gran Bretaña.

Mientras Guillermo se preparaba para invadir Gran Bretaña, el rey Harald Hardrada también planeaba invadirla. Hardrada llegó primero y el rey Harold de Inglaterra salió a su encuentro en **Stamford Bridge**, en el norte de Inglaterra. Esta batalla fue feroz y mortal. El propio hermano del rey Harold Godwinson apoyaba al rey noruego en vez de a él. Su hermano se llamaba **Tostig**. ¿Se imagina luchar en una gran batalla contra su propio hermano? Al final de la batalla habían muerto más de 5.000 personas, entre ellas el rey Harald Hardrada y Tostig. La amenaza de que el rey noruego se hiciera con el trono inglés había terminado.

Muestra de equipo anglosajón para la batalla

Sin embargo, la amenaza de que Normandía se hiciera con el trono seguía siendo muy real. Guillermo de Normandía llegó al sur de Inglaterra con su ejército y el rey Harold de Inglaterra tuvo que movilizarse a su encuentro. Se reunieron en Hastings para luchar por el trono inglés.

La batalla solo duró un día. Tuvo lugar el 14 de octubre de 1066. El rey Harold tenía más soldados, pero los soldados de Guillermo tenían más energía. Los soldados ingleses se pusieron rápidamente en formación detrás de un muro de escudos en una colina. Este muro de escudos mantuvo a raya a los normandos durante un tiempo. La **caballería** de Guillermo no podía atravesar el muro de escudos porque luchaban cuesta arriba (una caballería es un grupo de soldados que luchan a caballo). ¿Se imagina lo difícil que sería correr cuesta arriba con esa armadura? No es de extrañar que los caballos no pudieran moverse lo suficientemente rápido para atravesar el muro de escudos.

Los anglosajones también tenían **hachas de guerra** a dos manos. Estas armas estaban diseñadas para atravesar armaduras como la cota de malla, por lo que los normandos tuvieron algunos problemas al principio de la batalla. Guillermo sabía que, si quería ganar, tenía que replantear su estrategia.

Campo de batalla de la batalla de Hastings

Guillermo sabía que necesitaba atravesar el muro de escudos anglosajón, así que hizo dos cosas. Primero, les dijo a sus arqueros que dejaran de disparar flechas al escudo. En su lugar, les dijo que dispararan sus flechas por encima de los escudos. Esto hizo que las flechas cayeran sobre los anglosajones. Una de estas flechas mató al rey Harold. Le atravesó el ojo y murió. Sin embargo, los anglosajones no dejaron de luchar. Querían defender a su rey caído y deshacerse de los invasores.

Lo segundo que hizo Guillermo fue decirles a sus soldados que fingieran retirarse. Esta es una vieja estrategia de batalla llamada **huida fingida** que muchos líderes han utilizado. El bando vencedor suele perseguir a los que se retiran, rompiendo su formación. Si realmente va ganando, no hay problema. Si es un truco, el ejército queda vulnerable a los ataques. Guillermo de Normandía engañó a los anglosajones para que disolvieran su muro de escudos fingiendo una retirada.

Una vez que el muro de escudos se rompió, los normandos volvieron y lucharon ferozmente contra los anglosajones. Al final del día, la batalla había terminado. Los soldados anglosajones estaban muertos o huyendo para salvar sus vidas. Guillermo de Normandía había ganado la batalla de Hastings.

Esta no fue la última batalla de la conquista normanda, pero sí la más importante. Guillermo todavía tenía que luchar su camino a Londres. No todos los soldados anglosajones habían acudido a la batalla de Hastings, por lo que había pequeños ejércitos a lo largo del camino. Los anglosajones no querían aceptar a Guillermo como su nuevo rey, pero él venció toda resistencia. Guillermo fue coronado rey de Inglaterra el día de Navidad de 1066.

Tumba del duque de Normandía

La batalla de Hastings fue un importante punto de inflexión en la historia de Inglaterra. El dominio normando lo cambió todo, desde la política hasta la religión, pasando por la lengua. Los cambios que los normandos introdujeron en las estructuras religiosas de Inglaterra repercutieron más tarde en todas las iglesias cristianas del mundo.

Tras convertirse en rey, Guillermo el Conquistador construyó una abadía junto al lugar de la batalla. Se llamó **Abadía de la batalla**. Algunos historiadores creen que el papa Alejandro II le ordenó construir la abadía como penitencia (un castigo) por invadir, pero otros piensan que Guillermo ya había prometido construir una abadía si ganaba la batalla. En cualquier caso, aún hoy se puede visitar la Abadía de la batalla en Inglaterra.

Guillermo también promulgó muchas leyes nuevas y redactó un documento llamado **el Libro del Juicio Final**. Era un documento que detallaba los terratenientes de Inglaterra y lo que poseían. Muchos nobles anglosajones habían huido del país, por lo que era necesario llevar un registro de a quién pertenecían las tierras. Esto fue muy importante para la época y ayudó a Guillermo a establecer un mejor sistema tributario. Guillermo también cambió el idioma oficial de la corte al **francés**. Era el único idioma que hablaba y añadió cientos de palabras francesas a la lengua anglosajona. Así terminó por formarse el inglés antiguo.

La conquista normanda cambió muchas cosas en Inglaterra y la influencia de este pueblo en Inglaterra sigue repercutiendo en el mundo. Los normandos estructuraron el reino y utilizaron la fuerza cada vez que un grupo de anglosajones se rebelaba. Inglaterra nunca volvió a ser la misma, y todo cambió en un día, en la batalla de Hastings.

Los anglosajones hicieron mucho durante su estancia en Gran Bretaña. Encontraron nuevas tierras, crearon nuevos reinos, se convirtieron a una nueva religión y lucharon contra los vikingos. Pero, aunque estaban muy ocupados, los anglosajones también tenían tiempo para crear bellas obras de arte. Trabajaron en muchas áreas del arte, y algunas de estas obras se conservan hoy en museos.

Un área del arte en la que se centraron los anglosajones fue la metalurgia. ¿Sabía que la metalurgia no se limita a fabricar espadas o herraduras? Los anglosajones hacían cosas preciosas y delicadas con el metal.

Metalurgia anglosajona

Los anglosajones son famosos por su trabajo en **joyas** y **broches**. Las piezas son muy detalladas. Algunas son tan intrincadas, que los expertos todavía intentan averiguar cómo las hicieron ¡sin una lupa! Se conservan muchas piezas diferentes de metalurgia anglosajona porque tendían a colocarlas en los enterramientos. Creían que era importante enterrar a los muertos con todo lo que pudieran necesitar en la otra vida, incluidas las joyas. Enterrar a la gente con joyas era más común antes de que los anglosajones se convirtieran al cristianismo, pero incluso después seguían haciendo bellas obras de arte en metal.

Los anglosajones trabajaban con muchos **medios** diferentes. En arte, un medio es el material utilizado o la forma en que se crea una obra. El metal es un medio y los tejidos son otro. Las telas y los **tejidos** eran una forma de arte y de contar historias. Los historiadores del arte suelen decir que el **Tapiz de Bayeux** es una de las mejores piezas de arte anglosajón, aunque técnicamente está bordado, no tejido. Los tapices tienen el dibujo tejido en la propia tela. El bordado es un dibujo cosido encima de la tela después de tejerla. Sin embargo, sigue llamándose tapiz. Muchas otras piezas bordadas de la Alta Edad Media también reciben el nombre convencional de tapices.

Aunque el Tapiz de Bayeux no está tejido, sigue siendo impresionante. Mide 60 metros de largo. ¿Se imagina crear algo de más de 60 metros a mano? Solo mide 1,6 pies de ancho, pero es tan largo como tres cuartos de un campo de fútbol. El tapiz de Bayeux cuenta la historia de la conquista normanda y tiene notas en latín que explican los dibujos. Los hilos utilizados eran de colores como rojo mate, verde oliva, azul y dorado mate. Aunque fue encargado por los normandos, lo confeccionaron artistas anglosajones. Por eso el tapiz de Bayeux se considera arte anglosajón, y es una de las mejores piezas que hicieron.

Tapiz de Bayeux

Otra forma de arte en la cultura anglosajona era la literatura. Los anglosajones escribieron muchas leyendas y les encantaba contar historias. Como recordará del capítulo 3, una de las historias anglosajonas más famosas se llama *Beowulf*. Está escrito en forma de **epopeya** (trata de un guerrero llamado Beowulf que visita a un rey llamado Hrothgar en su gran sala de hidromiel). Este era un lugar importante donde se reunían los guerreros. Allí, Hrothgar le habla a Beowulf de un monstruo llamado **Grendel**, que ataca a Hrothgar y a sus hombres todas las noches. Beowulf lucha contra Grendel y lo derrota.

Los historiadores no saben quién escribió *Beowulf* por primera vez. Tampoco saben cuándo se escribió, pero la mayoría cree que fue entre los años 608 y 1000 de nuestra era. La versión que tenemos ahora fue escrita en **inglés antiguo**, que no es como el inglés actual.

53

Es mucho más parecido al que hablaban los anglosajones, una lengua más cercana al alemán. Cuando la lengua anglosajona se mezcló con el francés durante la conquista normanda, se creó una nueva que combinaba las dos. Lo llamamos inglés antiguo. Si se escuchara el inglés antiguo hoy en día, quizá no podría entenderse.

Sin embargo, el inglés siguió cambiando. Hay otra obra inglesa importante llamada *Los cuentos de Canterbury*. Fue escrita por **Geoffrey Chaucer** en el siglo XIII. Cuenta la historia de un grupo de viajeros que van de Londres a Canterbury. Eran **peregrinos** en viaje religioso. Para pasar el tiempo durante el viaje, todos se contaban historias. Algunas de las historias son divertidas, pero otras son serias. Chaucer había planeado contar 120 historias, pero solo terminó veintitrés y media.

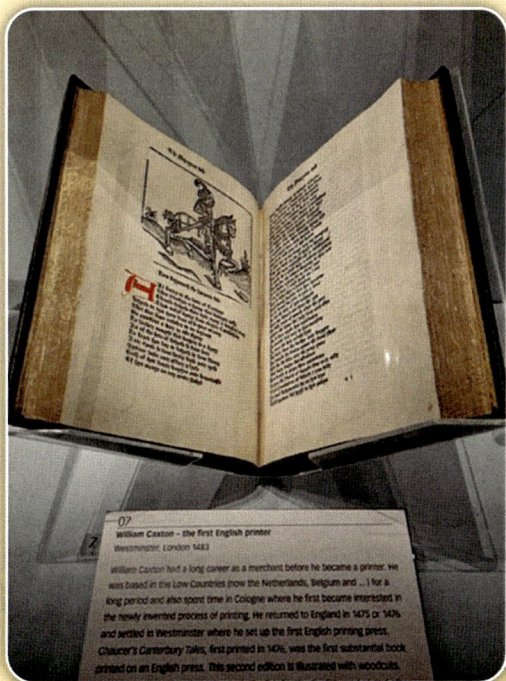

Los cuentos de Canterbury

Curiosamente, *Los Cuentos de Canterbury* no están escritos en inglés antiguo. El idioma había cambiado tanto que los historiadores lo llaman **inglés medio**. Es el punto medio entre el inglés antiguo y el moderno. Puede que no sea capaz de leer inglés medio sin ayuda, pero podría entenderlo si alguien más lo leyera. Algunas palabras son extrañas, pero también es sorprendente lo mucho que se puede aprender estudiando cómo ha cambiado la lengua inglesa a lo largo del tiempo.

Los anglosajones también copiaban libros, pero no se limitaban a copiar las palabras. También ilustraban los libros a medida que los copiaban para crear **manuscritos iluminados**. Este es probablemente el tipo de arte anglosajón más famoso. Hoy en día, los libros ilustrados suelen tener imágenes que acompañan a la historia. Estos libros ilustrados pueden ser muy bonitos, pero los manuscritos iluminados anglosajones eran mucho más que simples libros ilustrados.

Los anglosajones dibujaban en los márgenes y decoraban los libros e incluso algunas de las letras con motivos, colores brillantes y oro. Algunos de los motivos con los que los anglosajones decoraban sus manuscritos son los mismos que utilizaban en la metalurgia. Los manuscritos iluminados solían ser copias de los libros de la Biblia. Los libros más populares eran los **Evangelios** y los **Salmos**. Muchos de los artistas que crearon los manuscritos iluminados eran monjes que vivían en monasterios.

¿Sabía que había distintos tipos de manuscritos iluminados? Las formas de crear este arte se denominan **escuelas**. Antes de la conquista normanda, había una pequeña escuela en Canterbury y una grande en Northumbria. Estos manuscritos iluminados tenían muchos colores y diseños complicados. Tras la conquista normanda, **la escuela de iluminación de Winchester** se hizo muy popular. Estaba vinculada a Canterbury y utilizaba colores fuertes y mucho oro. Los artistas dedicaban mucho tiempo y esfuerzo a los manuscritos iluminados, lo que demostraba la importancia que daban a los libros.

El arte anglosajón sigue sorprendiendo hoy en día. Ponían muchos detalles en sus obras, ya fueran de metal, tela o pintura. Los anglosajones eran dedicados y sofisticados en su arte. Aunque el arte inglés cambió tras la conquista normanda, el arte anglosajón sigue formando parte de la cultura inglesa.

¿Puede relacionar la obra de arte con su nombre?

Manuscrito iluminado •   •

Tapiz de Bayeux •   •

Cuentos de Canterbury •   •

Joya de Alfredo •   •

Los anglosajones tuvieron un enorme impacto en Gran Bretaña. A lo largo de este libro, se analizan muchos aspectos de la vida anglosajona, todos ellos importantes para hacer de Gran Bretaña el país que es hoy. ¿Se imagina lo diferente que sería la vida hoy si los anglosajones no hubieran llegado a Gran Bretaña?

Uno de los legados anglosajones fue la religión. Los anglosajones llegaron como paganos, pero hacia el año 500 de nuestra era, el **Papa Gregorio** estaba decidido a extender el cristianismo hasta los confines del mundo conocido. Hoy en día, no pensamos que Inglaterra esté lejos de nada, pero en aquella época, la gente no sabía si había algo más allá. En el año 597 de la era cristiana, **San Agustín** desembarcó en Kent y comenzó a convertir a los anglosajones al cristianismo.

Escultura de Æthelberht de Kent en la catedral de Canterbury

Una vez convertidos al cristianismo, los anglosajones se centraron en su nueva religión. Construyeron iglesias, hicieron arte y discutieron sobre teología. Su trabajo cambió la forma en que otras personas practicaban el cristianismo en toda Europa.

Iglesia anglosajona en Escomb

Pero los anglosajones no se limitaron a construir iglesias. ¿Sabía que también tradujeron los primeros Evangelios al inglés? Aunque la Iglesia de Roma decía que los servicios cristianos debían celebrarse en latín, no todo el mundo entendía esta lengua. Los anglosajones quisieron cambiar esa situación. Algunos historiadores creen que el **rey Æthelstan** pidió una traducción de los Evangelios. La quería en lengua **vernácula**, es decir, en el idioma que la mayoría de la gente hablaba a diario. Para él, era el anglosajón. Siglos antes de que la gente se peleara por las traducciones de la Biblia del latín, los anglosajones ya habían traducido los Evangelios. Se convirtieron en textos importantes para la creciente cultura inglesa.

Los anglosajones no solo estaban interesados en el cristianismo. Querían conocimientos y sabiduría de donde pudieran obtenerlos. Aprendieron gramática, poesía y teología de **Teodoro de Tarso**, que era de Siria, y de **Adriano**, que era de Libia. Los monjes querían copiar todos los libros posibles, aunque no fueran religiosos. Los anglosajones estaban tan centrados en el aprendizaje, que algunos incluso llegaron a ser eruditos internacionales. El más famoso se llamaba **Alcuin**. Trabajó para Carlomagno en Francia durante algún tiempo porque Carlomagno estaba muy impresionado por su trabajo.

Los anglosajones ayudaron a mantener a salvo los libros y las ideas. Algunos de los libros que tradujeron se perdieron en otras bibliotecas, por lo que hoy no tendríamos copias de esos textos sin el trabajo de los anglosajones. Incluso después de que los vikingos invadieran y quemaran muchos monasterios, los anglosajones tradujeron los libros más importantes. Eran liderados por el rey Alfredo el Grande, que quería restaurar la educación en Inglaterra. Trabajaron juntos para traducir los libros al anglosajón y que la gente pudiera seguir aprendiendo, aunque vivieran tiempos difíciles. El mundo sería hoy un lugar con menos conocimientos si los anglosajones no se hubieran apasionado tanto por todos los tipos de conocimientos. ¿Se imagina qué libros e ideas podríamos haber perdido si los anglosajones no se hubieran esforzado tanto por salvarlos?

Los anglosajones también crearon muchos libros nuevos. Son famosos sobre todo por su **poesía** y sus **historias**. Pero la poesía anglosajona no es como la nuestra. No les preocupaba la rima y sus poemas son más bien **épicos**. Cuentan largas historias sobre batallas y héroes. Hay varios poemas anglosajones que aún conservamos. Uno de ellos se llama **el Sueño de Rood**, y está tallado en una cruz de piedra gigante en Ruthwell. Poemas anglosajones como **Beowulf** sentaron las bases de muchas de las historias que tenemos hoy, como *Harry Potter*. ¿Se imagina un mundo sin estas historias heroicas?

Los libros de historia también eran importantes para los anglosajones. Escribieron varios de ellos, como **The Ecclesiastical History of the English People** (*La historia eclesiástica del pueblo inglés*) y la **Anglo-Saxon Chronicle** (*Crónica anglosajona*). Estos libros dieron mucha información sobre los anglosajones y marcaron el inicio de la historia narrativa inglesa.

Estas historias también nos muestran cómo los anglosajones iniciaron la idea de una nación inglesa. Los anglosajones crearon varios pequeños reinos, pero finalmente se les ocurrió la idea de un solo reino. También crearon las primeras leyes para toda Inglaterra. Cada reino tenía sus propias leyes, pero una vez que los anglosajones se unieron, necesitaron crear nuevas leyes. Las nuevas leyes fueron iniciadas por el rey Æthelstan. Tenía muchas ambiciones, y su duro trabajo ayudó a hacer realidad el sueño anglosajón de la unidad. ¿Qué tan diferente sería el mundo si los anglosajones no hubieran unificado Inglaterra?

Lamentablemente, los anglosajones no gobernaron Gran Bretaña para siempre. En el 1066, los normandos los derrocaron, y algunos historiadores creen que Inglaterra aún se está recuperando de aquella invasión.

Máscara anglosajona
https://www.flickr.com/photos/101561334@N08/36398395051

Aunque **Guillermo el Conquistador** cambió la mayor parte de la clase dirigente, mantuvo los gobiernos locales, los condados y las ciudades. La gente se encontró trabajando para nuevos líderes y hubo tensión durante muchos años.

¿Cómo se sentiría si su país fuera invadido de repente?

Los anglosajones y normandos finalmente encontraron la paz. Se convirtieron en un solo pueblo con una sola cultura, pero sus problemas no se solucionaron de inmediato. Los normandos también invadieron Gales y Escocia, y todavía hoy se discute si estos dos lugares deberían o no ser independientes de Inglaterra.

¿En qué habría cambiado la invasión normanda si los anglosajones no hubieran estado en Inglaterra? Quizá no se hubiera producido la batalla de Hastings. Los normandos podrían haber necesitado unificar Inglaterra. ¿Qué más cree que sería diferente?

Los anglosajones son importantes en la historia de Inglaterra. Trabajaban duro, luchaban con valentía y valoraban el aprendizaje. También dieron a Inglaterra la estructura política básica que sigue utilizando hoy en día. Los anglosajones no solo dieron forma a Gran Bretaña; gracias a que copiaron tantos libros como les fue posible, salvaron para toda la humanidad libros que, de otro modo, se habrían perdido. La conquista normanda cambió la historia de Inglaterra, pero nuestro mundo es mejor gracias a los anglosajones.

¿Cómo han influido los anglosajones en su vida? Si lo piensa bien, puede que se sorprenda de las grandes cosas que encuentre.

¿Puede responder correctamente a estas preguntas de verdadero o falso sobre todo el libro?

1. El rey Alfredo el Grande fue el rey de los vikingos.

2. San Agustín fue un misionero cristiano que llegó a Kent en el año 597 de nuestra era.

3. La historia anglosajona más famosa se llama Beowulf.

4. Los anglosajones hablaban inglés como nosotros hoy en día.

5. Guillermo el Conquistador fue un líder normando procedente de Alemania.

6. El rey Offa fue el primer rey de Inglaterra.

7. Los niños no tenían escuelas públicas en la Inglaterra anglosajona como en la actualidad.

8. Wessex fue el último reino que resistió a los vikingos.

9. Los anglosajones estaban formados por tres tribus: los anglos, los sajones y los jutos.

10. Beda el Venerable escribió la Crónica anglosajona.

11. El tapiz de Bayeux es una de las mejores piezas del arte anglosajón.

12. El rey Alfredo ayudó a traducir libros al anglosajón para que su pueblo aprendiera más.

Capítulo 2:

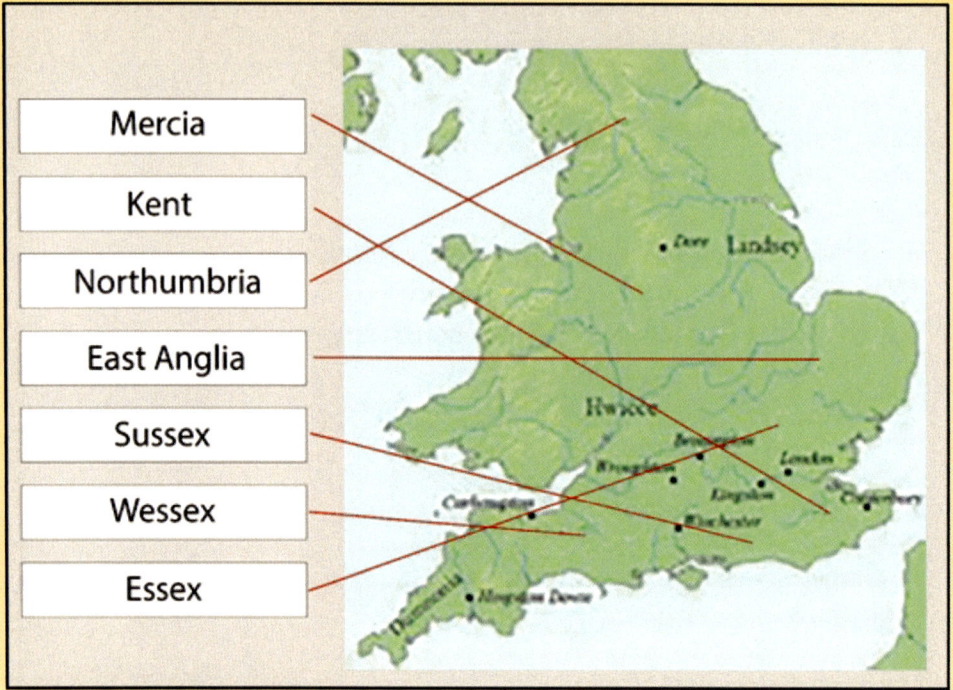

Mercia	
Kent	
Northumbria	
East Anglia	
Sussex	
Wessex	
Essex	

East Anglia: Anglia Oriental

Capítulo 3:

Los anglosajones llevaban una vida muy diferente a la nuestra. Vivían en pequeñas aldeas, y no viajaban mucho. La mayoría de los anglosajones eran agricultores y cultivaban sus propios alimentos, como trigo y zanahorias. Vivían en edificios de una sola habitación con tejados de paja. Toda la familia vivía junta y todos trabajaban. Incluso los niños, que debían aprender a cultivar la tierra o a confeccionar ropa. Aun así, tenían tiempo para jugar. A los anglosajones les encantaba contar historias, y una de sus historias más famosas es Beowulf.

Capítulo 4:

1. ¿En qué año llegó San Agustín a Gran Bretaña?

   Llegó a Gran Bretaña en el año 597 de nuestra era.

2. ¿Cuál era la religión mayoritaria en Gran Bretaña antes de la llegada de San Agustín?

   La religión principal era pagana.

3. ¿Qué santo fue a Irlanda?

   San Patricio fue a Irlanda.

4. ¿Por qué eran importantes los monasterios en la Gran Bretaña anglosajona?

   Los monasterios eran centros de aprendizaje porque tenían libros. También eran centros económicos.

5. ¿Qué sistema de escritura trajeron los misioneros?

   Los misioneros trajeron consigo el latín.

Capítulo 5:

__1_ Los vikingos invaden Gran Bretaña por primera vez.

__6_ Alfredo reinicia las escuelas en Wessex.

__5_ Se firma el Tratado de Wedmore.

__2_ Alfredo nace en Wantage.

__3_ Alfredo se convierte en rey.

__4_ Alfredo quema los pasteles de una mujer pobre, según la leyenda.

Capítulo 6:

Rey Offa	Rey Egberto
Rey de Mercia	Vivió unos años en la corte de Carlomagno
Construyó una muralla entre Inglaterra y Gales	Ganó la batalla de Ellandun
Se convirtió en rey después del rey Æthelbald	Se convirtió en señor de Northumbria
Concertó matrimonios para obtener mayor poder político	Rey de Wessex

Capítulo 7:

1. ¿Quién fue el primer duque de Normandía?

    Rollo fue el primer duque de Normandía.

2. ¿Qué es el feudalismo?

    El feudalismo es una estructura social. El rey está en la cima y da tierras a la nobleza. La nobleza da tierras a otras personas llamadas vasallos y campesinos y a cambio promete protegerlos de sus enemigos.

3. ¿Qué tipo de armadura llevaban los normandos?

    Llevaban una cota de malla llamada hauberk. También llevaban un casco. Llevaban escudo, espada y lanza.

4. ¿Cómo se inventó el inglés antiguo?

    El inglés antiguo se inventó con la invasión de los normandos. Su lengua se mezcló con la anglosajona para crear el inglés antiguo.

5. ¿Cómo estructuraron su sociedad los anglosajones? ¿Era diferente del feudalismo?

Los anglosajones utilizaban el sistema de condados. Sí, era diferente al feudalismo porque estaba menos estructurado.

6. ¿Cuándo invadió Inglaterra Guillermo el Conquistador?

Guillermo el Conquistador invadió Inglaterra en el 1066 d. C.

Capítulo 9:

Manuscrito iluminado

https://commons.wikimedia.org/wiki/File:Scorpion_and_snake_ fighting_Anglo-Saxon_c_1050.jpg

Tapiz de Bayeux

https://commons.wikimedia.org/wiki/File:Odo_bayeux_tapestry.png

Cuentos de Canterbury

Coldupnorth, CC BY-SA 4.0 <https://creativecommons.org
/licenses/by-sa/4.0>, via Wikimedia Commons; https://commons.m.
wikimedia.org/wiki/File:Canterbury_Tales,_William_Caxton_edition.jpg

Joya de Alfredo

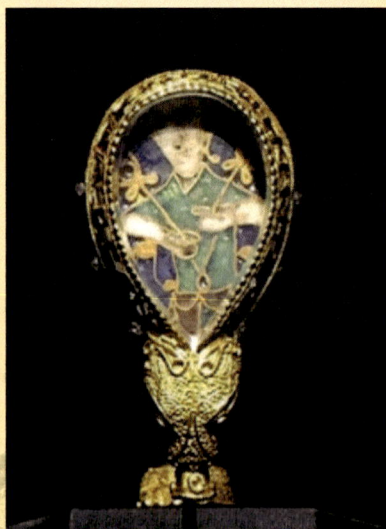

Mkooiman, CC BY-SA 4.0 <https://creativecommons.org/
licenses/by-sa/4.0>, via Wikimedia Commons
https://commons.wikimedia.org/wiki/File:Alfred-jewel-ashmolean.jpg

Capítulo 10:

1. El rey Alfredo el Grande fue el rey de los vikingos. **Falso**

2. San Agustín fue un misionero cristiano que llegó a Kent en el año 597 de nuestra era. **Verdadero**

3. La historia anglosajona más famosa se llama Beowulf. **Verdadero**

4. Los anglosajones hablaban inglés como nosotros hoy en día. **Falso**

5. Guillermo el Conquistador era un líder normando procedente de Alemania. **Falso**

6. El rey Offa fue el primer rey de Inglaterra. **Falso**

7. Los niños no tenían escuelas públicas en la Inglaterra anglosajona como en la actualidad. **Verdadero**

8. Wessex fue el último reino que resistió a los vikingos. **Verdadero**

9. Los anglosajones estaban formados por tres tribus: los anglos, los sajones y los jutos. **Verdadero**

10. Beda el Venerable escribió la Crónica anglosajona. **Falso**

11. El tapiz de Bayeux es una de las mejores piezas de arte anglosajón. **Verdadero**

12. El rey Alfredo ayudó a traducir libros al anglosajón para que su pueblo aprendiera más. **Verdadero**

LA ANTIGUA ROMA
PARA NIÑOS

UNA GUÍA FASCINANTE DE LA HISTORIA DE ROMA, DESDE EL SURGIMIENTO DE LA REPÚBLICA HASTA BIZANCIO, PASANDO POR EL IMPERIO ROMANO

CAPTIVATING HISTORY

Bibliografía

«Alfredo el Grande (r. 871-899)». Royal.uk. Consultado en octubre de 2022. https://www.royal.uk/alfred-great-r-871-899.

«Datos de Alfredo el Grande para niños». Enciclopedia Kiddle. 22 de julio de 2022. https://kids.kiddle.co/Alfred_the_Great

«Arte anglosajón para niños». Elizabethan English Life.com. Elizabethan Era. Consultado en octubre de 2022. https://elizabethanenglandlife.com/anglo-saxons/anglo-saxon-art-facts-for-kids.html

«Agustín de Canterbury». British Library. Consejo de la Biblioteca Británica. Consultado en octubre de 2022. https://www.bl.uk/people/augustine

«Datos de Agustín de Canterbury para niños». Enciclopedia Kiddle. 8 de agosto de 2022.
https://kids.kiddle.co/Augustine_of_Canterbury#:~:text=Augustine%20of%20Canterbury%20(early%206th,founder%20of%20the%20English%20Church

«¡Increíbles datos anglosajones!». National Geographic Kids. Consultado en septiembre de 2022.
https://www.natgeokids.com/uk/discover/history/general-history/anglo-saxons/

«Datos de la batalla de Hastings para niños». Enciclopedia Kiddle. 20 de septiembre de 2022. https://kids.kiddle.co/Battle_of_Hastings

«El tapiz de Bayeux». Enciclopedia Kiddle. 5 de julio de 2022. https://kids.kiddle.co/Bayeux_Tapestry

«Beowulf - Datos para niños». Enciclopedia Kiddle. 29 de junio de 2022. https://kids.kiddle.co/Beowulf

Britannica, T. Editores de la Enciclopedia. «Anglosajón». Encyclopedia Britannica. 9 de mayo de 2022. https://www.britannica.com/topic/Anglo-Saxon

Britannica, T. Editores de Enciclopedia. «Arte anglosajón». Encyclopedia Britannica. 27 de febrero de 2018. https://www.britannica.com/art/Anglo-Saxon-art

Britannica, T. Editores de la Enciclopedia. «Normando». Enciclopedia Británica. 4 de septiembre de 2015.

https://www.britannica.com/topic/Norman-people

Britannica, T. Editores de la Enciclopedia. «Northumbria». Enciclopedia Británica. 20 de agosto de 2013.

https://www.britannica.com/place/Northumbria

Britannica, T. Editores de Enciclopedia. «Wessex». Encyclopedia Britannica, 5 de mayo de 2020. https://www.britannica.com/place/Wessex-historical-kingdom

«Cantware (Kent)». The History Files. Kessler Associates. Consultado en octubre de 2022.

https://www.historyfiles.co.uk/KingListsBritain/EnglandKent.htm

Castelow, Ellen. «La batalla de Hastings». Historic UK. Historic UK Ltd. Company. Consultado en octubre de 2022. https://www.historic-uk.com/HistoryMagazine/DestinationsUK/The-Battle-of-Hastings/

«East Engle (Anglia Oriental)». The History Files. Kessler Associates. Consultado en octubre de 2022.

https://www.historyfiles.co.uk/KingListsBritain/EnglandEastAnglia.htm

«East Seaxe (Sajones Orientales / Essex)». The History Files. Kessler Associates. Consultado en octubre de 2022.

https://www.historyfiles.co.uk/KingListsBritain/EnglandEssex.htm

«Egberto 827-839». Englishmonarchs.uk. Consultado en octubre de 2022. https://www.englishmonarchs.co.uk/saxon.htm

«Egberto de Wessex Datos para niños». Enciclopedia Kiddle. 20 de julio de 2022. https://kids.kiddle.co/Egbert_of_Wessex

Harrison, Julian. «¿Quiénes eran los anglosajones?». British Library. British Library Board. Consultado en septiembre de 2022. https://www.bl.uk/anglo-saxons/articles/who-were-the-anglo-saxons#:~:text=The%20Anglo%2DSaxons%20were%20migrants,the%20fth%20and%20sixth%20centuries

«Datos de historia de la Inglaterra anglosajona para niños». Enciclopedia Kiddle. 22 de julio de 2022. https://kids.kiddle.co/History_of_Anglo-Saxon_England

«¿Cómo se gobernaba la Gran Bretaña anglosajona?». Bitesize. BBC.

Consultado en octubre de 2022.

https://www.bbc.co.uk/bitesize/topics/zxsbcdm/articles/zqrc9j6#:~:text=Eac h%20group%20of%20Anglo%2DSaxon,power%20on%20to%20their%20child ren

Hudson, Alison. «Religión en los reinos anglosajones». British Library. British Library Board. Consultado en octubre de 2022. https://www.bl.uk/anglo-saxons/articles/religion-in-anglo-saxon-kingdoms#:~:text=From%20the%20end%20of%20the,impact%20on%20Angl o%2DSaxon%20England

Jackson, Dra. Eleanor. «Arte anglosajona tardía». British Library. British Library Board. Consultado en octubre de 2022. https://www.bl.uk/anglo-saxons/articles/later-anglo-saxon-art

Johnson, Ben. «El rey Offa». Historic UK. Historic UK Ltd. Company. Consultado en octubre de 2022. https://www.historic-uk.com/HistoryUK/HistoryofEngland/King-Offa/

Johnson, Ben. «La conquista normanda». Historic UK. Historic UK Ltd. Company. Consultado en octubre de 2022. https://www.historic-uk.com/HistoryUK/HistoryofEngland/The-Norman-Conquest

Johnson, Ben. «Beda el Venerable». Historic UK. Historic UK Ltd. Company. 22 de mayo de 2017. https://www.historic-uk.com/HistoryUK/HistoryofEngland/The-Venerable-Bede/

«Datos sobre el reino de Sussex para niños». Enciclopedia Kiddle. 18 de agosto de 2022. https://kids.kiddle.co/Kingdom_of_Sussex

Lambert, Tim. «La sociedad en la Inglaterra anglosajona». Local Histories. 2022. https://localhistories.org/life-in-anglo-saxon-england/

Mark, Joshua J. «Rey Egberto de Wessex». Enciclopedia de la Historia Mundial. Archivos de la unesco. 19 de noviembre de 2018. https://www.worldhistory.org/King_Egbert_of_Wessex/

Mark, Joshua J. «Reino de Mercia». Enciclopedia de la historia mundial. Archivos de la UNESCO. 30 de noviembre de 2018. https://www.worldhistory.org/Kingdom_of_Mercia/

«Edad Media: Alfredo el Grande». Ducksters. Soluciones tecnológicas, inc. Consultado en octubre de 2022.

https://www.ducksters.com/history/middle_ages/alfred_the_great.php

«Edad Media: La conquista normanda». Ducksters. Soluciones Tecnológicas, Inc. Consultado en octubre de 2022. https://www.ducksters.com/history/middle_ages/norman_conquest.php

«Edad Media para niños: Anglosajones de Inglaterra». Ducksters. Soluciones Tecnológicas, Inc. Consultado en septiembre de 2022. www.ducksters.com/history/middle_ages/anglo_saxons.php

Mingren, Wu. «Cómo la Inglaterra anglosajona hizo la conversión radical al cristianismo». Ancient Origins. Stella Novus. Diciembre de 2019. https://www.ancient-origins.net/human-origins-religions/christianization-anglo-saxon-england-0013002

«Offa». British Library. Consejo de la Biblioteca Británica. Consultado en octubre de 2022. https://www.bl.uk/people/offa

«Offa de Mercia - Datos para niños». Enciclopedia Kiddle. 23 de septiembre de 2022. https://kids.kiddle.co/Offa_of_Mercia

«Los reinos anglosajones: una guía breve para niños». Imagining History. 28 de abril de 2020. https://www.imagininghistory.co.uk/post/a-brief-guide-to-anglo-saxon-kingdoms

«Datos de los Cuentos de Canterbury para niños». Enciclopedia Kiddle. 9 de abril de 2022. https://kids.kiddle.co/The_Canterbury_Tales

«Beda el Venerable (673 d. C.- 735 d. C.). British Broadcast Corporation. 2014. https://www.bbc.co.uk/history/historic_figures/bede_st.shtml

«¿Cómo era la vida en la Inglaterra anglosajona?». Bitesize. BBC. Consultado en octubre de 2022. https://www.bbc.co.uk/bitesize/topics/zp6xsbk/articles/zphysk7#zx6sp4j10

Wood, Michael. «Diez maneras en que los anglosajones cambiaron el curso de la historia británica». History Extra. Immediate Media Company Limited. 22 de noviembre de 2019. https://www.historyextra.com/period/anglo-saxon/michael-wood-how-what-did-anglo-saxons-do-british-history/